令人着迷的中国旅行记

兵马俑的秘密
BINGMAYONG DE MIMI

西安 上

乔冰/著　智慧鸟/绘

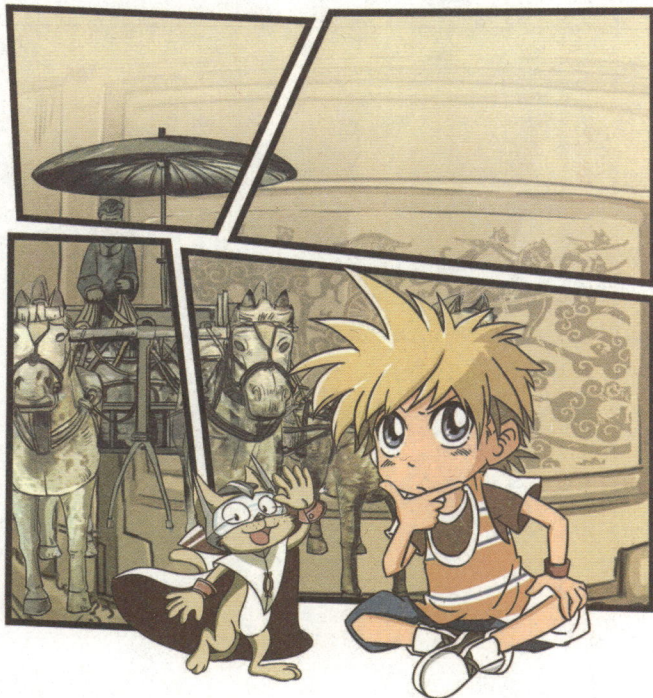

吉林出版集团股份有限公司

全国百佳图书出版单位

图书在版编目（CIP）数据

兵马俑的秘密：西安. 上 / 乔冰著；智慧鸟绘
. -- 长春：吉林出版集团股份有限公司，2022.9（2024.3重印）
（令人着迷的中国旅行记）
ISBN 978-7-5731-2056-4

Ⅰ. ①兵… Ⅱ. ①乔… ②智… Ⅲ. ①西安—地方史
—少儿读物 Ⅳ. ①K294.11-49

中国版本图书馆CIP数据核字(2022)第167505号

令人着迷的中国旅行记

BINGMAYONG DE MIMI XI'AN SHANG

兵马俑的秘密——西安（上）

著　　者：乔　冰
绘　　者：智慧鸟
出版策划：崔文辉
项目策划：范　迪
责任编辑：李金默
责任校对：徐巧智
出　　版：吉林出版集团股份有限公司（www.jlpg.cn）
　　　　　（长春市福祉大路5788号，邮政编码：130118）
发　　行：吉林出版集团译文图书经营有限公司
　　　　　（http://shop34896900.taobao.com）
电　　话：总编办 0431-81629909　　营销部 0431-81629880 / 81629881
印　　刷：唐山玺鸣印务有限公司
开　　本：720mm×1000mm　1/16
印　　张：8
字　　数：100千字
版　　次：2022年9月第1版
印　　次：2024年3月第2次印刷
书　　号：ISBN 978-7-5731-2056-4
定　　价：29.80元
印装错误请与承印厂联系　　电话：13691178300

中国传统文化丰富多彩，民俗民风异彩纷呈，它不仅是历史上各种思想文化、观念形态相互碰撞、融会贯通并经过岁月的洗礼遗留下来的文化瑰宝，而且是中华民族几千年文明的结晶。而作为世界非物质文化遗产重要组成部分的中国非物质文化遗产，在历史、文学、艺术、科学等领域具有非同寻常的价值，正越来越受到世界各国政府、学术界及相关民间组织的高度重视。

本系列丛书为弘扬中国辉煌灿烂的传统文化，传承华夏民族的优良传统，从国学经典、书法绘画、民间工艺、民间乐舞、中国戏曲、建筑雕刻、礼节礼仪、民间习俗等多方面入手，全貌展示其神韵与魅力。丛书在参考了大量权威性著作的基础上，择其精要，取其所长，以少儿易于接受的内容独特活泼、情节曲折跌宕、漫画幽默诙谐的编剧形式，主人公通过非同寻常的中国寻宝之旅的故事，轻松带领孩子们打开中国传统文化的大门，领略中华文化丰富而深刻的精神内涵。

人物介绍

茜茜

11岁的中国女孩儿，聪明可爱，勤奋好学，家长眼中的乖乖女，在班里担任班长和学习委员。

布卡

11岁的中国男孩儿，茜茜的同学，性格叛逆，渴望独立自主，总是有无数新奇的想法。

瑞瑞

11岁的中国男孩儿，布卡的同学兼好友，酷爱美食，具备一定的反抗精神，对朋友比较讲义气。

欧蕊

11岁的欧洲女孩儿,乐观坚强,聪明热情,遇事冷静沉着,善于观察,酷爱旅游和音乐,弹得一手好钢琴。

塞西

9岁的欧洲男孩儿,活泼的淘气包,脑子里总是有层出不穷的点子,酷爱网络和游戏,做梦都想变成神探。

机器猫费尔曼

聪慧机智,知识渊博,威严自负,话痨,超级爱臭美;喜欢多管闲事,常常做出让人哭笑不得的闹剧。

华纳博士

43岁的欧洲天才科学家,热爱美食,幽默诙谐,精通电脑,性格古怪。

目 录

目录

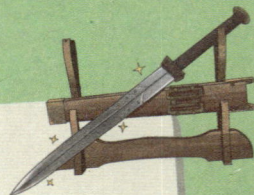

丹凤门前的**不速之客**

十三朝古都的活化石……谜底一定在皇宫里!

我也同意去大明宫,说不定会有意外收获。

就算你们的分析得有道理,也不用这么早吧?!

嘘,安静……很快你们将体会终生难忘的一幕!

2

咚咚咚——

咚咚咚——

那是长安众多的寺庙撞响了晨钟。

你们听到一波波传开的鼓声了吗?

我还听到夹杂着的钟声……

咚咚咚

激扬的鼓声与悠远的钟声交织在一起……

整座长安城被唤醒,共同迎接旭日东升!

我听到了空灵的古琴声。

我看到了华丽的酒盏。

人们个个盛装出行。

到处都歌舞翩跹，轻吟浅唱。

真不愧是天下第一城啊！

丹凤门

这里就是大明宫的正门——丹凤门了。

里面就是大唐皇帝住的地方？！

我这个神探可以负责任地告诉你们，大明宫连一只鸟也飞不进去！

我今晚就可以睡在皇宫里啦！

要不我们找找有没有侧门……或者狗洞？

5

你们觉得东西两侧像不像巨鸟的翅膀？

机器猫你怎么一动不动？看傻眼了？

这殿堂太气势磅礴了……显得我好渺小。

这是大明宫的主殿含元殿，坐落在三层高台之上。

传说中的砖雕？

第一个百万人口的城市

唐朝的长安城（今西安）是世界历史上第一个人口达到百万的大城市。当时的城中居民光是来自外国的商人、使者、留学生、留学僧等，就不少于3万人。

唐朝的科技文化、政治制度、饮食风尚等从长安传播至世界各地。唐朝长安成为东方和西方商业、文化交流的汇集地，是当时世界上最大的国际大都会。

最繁华的国际都市

　　唐朝长安城周长达35.56千米，面积约84平方千米，是如今西安城墙内面积的9.7倍，西汉长安城面积的2.4倍，元大都面积的1.7倍，明南京城面积的1.9倍，明清北京城面积的1.4倍，447年修建的君士坦丁堡面积的7倍，800年修建的巴格达面积的6.2倍，古代罗马城面积的7倍。

　　至盛唐时期，长安成为当时规模最大、最繁华的国际大都市。

哇，长安城好壮观啊！

规模最大的宫殿群

在中国历史上，大明宫是规模最庞大的宫殿群，占地3.3平方千米，相当于500个足球场大小。主殿含元殿坐落在高出地平面整整15米的三层高台上，体现着皇权的至高无上。

在三千多年的时间里，数以百计的帝王修建了无数座宫殿，但在规模和气势上能与含元殿媲美的，却没有第二个。

砖雕

砖雕是在特制的质地细密的土砖上雕刻物象或花纹的工艺，大多作为建筑构件或大门、照壁的装饰。

在青砖上雕出山水、花卉、人物等图案，是古代建筑雕刻中一种很重要的艺术形式。青砖在选料、成型、烧制等工序上要求较严，制成的青砖坚实而细腻，适宜雕刻。

第二章
chapter 2

刻泥成画

 扫码获取
- ✓ 角色头像
- ✓ 阅读延伸
- ✓ 趣味视频

太神奇了！坚硬的砖料上竟然刻出了如此精美的画作！

嘘……有士兵！

一幅砖雕由三四层图案构成，重重叠叠，却浑然一体！

闭嘴呀！

嘘……安静！

这些砖雕有极强的立体感……

这只猫没救了。

含元殿的两侧为什么要修建两条平行的坡道啊?

那是为了官员上朝方便而修建的"龙尾道"。

就是唐代诗人白居易形容其为"双阙龙相对,千官雁一行"的龙尾道吧!

机器猫，等等我们！

喂，你小心暴露！

我感觉它比紫禁城还要辽阔。

这皇宫可真大，我已经彻底转晕了！

当然！大明宫的面积是紫禁城的4倍。

大明宫被誉为"千宫之宫"，是世界上最辉煌的宫殿群。

这宛如疾风骤雨的"叮当"声真好听！

你的品位总是这么……不同凡响！

那边的工匠动作怎么那么慢？

他在雕刻细节，自然不能急躁。

机器猫说得对，砖雕初步定稿后，就需要慢工出细活儿了。

雕刻一块砖需要多久呢？

一幅1.5平方米的砖雕，一个人需要刻两个月。

两个月？！

含元殿

　　大明宫始建于公元634年，利用天然地势修筑，面积为紫禁城的4倍，是当时全世界最辉煌壮丽的宫殿群，先后有17位唐朝皇帝在此处理朝政。大明宫的含元殿、宣政殿和紫宸殿为主殿，沿中轴线分布，对称严整，等级森严。

　　含元殿居高临下，可俯瞰整座长安城，它的巍峨气势，在王维的诗中尽情体现：九天阊阖开宫殿，万国衣冠拜冕旒。

金砖

砖雕材质比石料疏松，更易于雕刻得玲珑剔透、毫发毕现。

砖雕的原料非常讲究，要挑选比烧制普通砖更细的泥土，经过水洗、沉淀，提高泥土的纯度和黏合力，然后存放5年以上，才用来做胚样。胚样要在室内自然阴干3个月以上，否则容易开裂。

这样制作出的砖被敲击时会发出金属般清脆的声响，故名金砖。

捏活儿

　　砖雕采用雕刻和镂空相结合的手法，层次分明，在构思上采用以现实主义与浪漫主义相结合的方式，情景交融。

　　从制作工艺上讲，砖雕有捏活儿和刻活儿之分。所谓捏活儿，先是把精心配制调和而成的黏土，用手捏成各种造型，而后入窑焙烧而成。这种作品大多独立成形，如龙、凤、麒麟等，多用于屋脊之上，俗称"脊兽"。

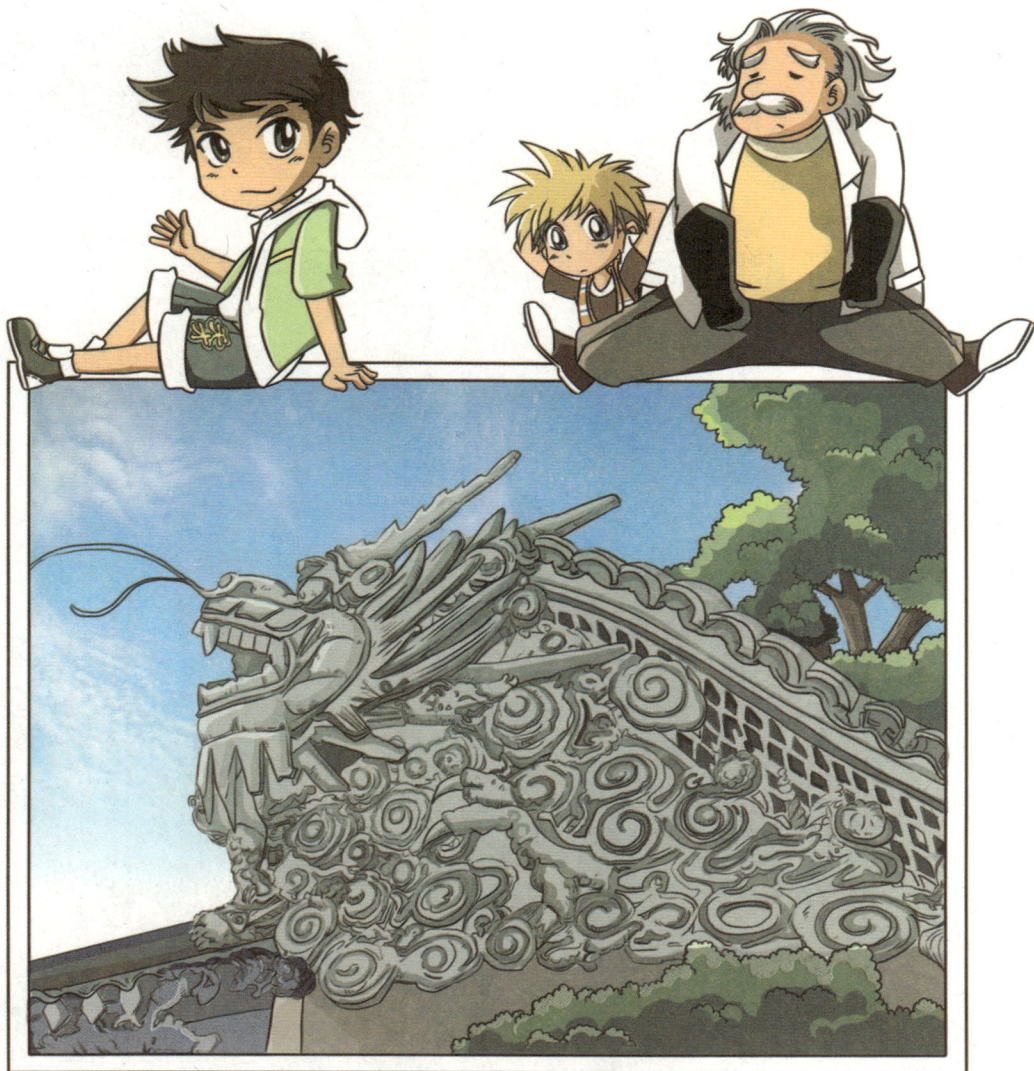

刻活儿

　　刻活儿是在精选的青砖上用刻刀刻制出各种图案，其工艺比捏活儿复杂得多，一个图案往往由十几块甚至几十块青砖拼接在一起。

　　工匠们按照所需尺寸裁割、拼合起青砖，简单勾勒出线条后开始雕刻。

　　刻雕包括打磨、构图、雕刻、细磨、过水、编号、拼接安装、修饰八道程序。雕刻技法主要有浮雕、圆雕（不附着任何背景，适宜于从多角度观赏的立体雕）、透雕（将底板或背后镂空的浮雕）等。

第三章
chapter 3

贵妃手镯

在大明宫里兜兜转转的众人，眼前出现了一座巨大的宫殿。

这是什么地方？

先前的宫殿是上朝和处理国事的地方，而这里是皇家居住和生活的场所。

皇家就是皇家，太富丽堂皇了！

它是皇家生活区里最显赫的宫殿——麟德殿。

宫殿的造型很特别。

有前殿、中殿和后殿……三重殿造型？

宫殿屋檐上有好多巨大的斗拱！层层叠加，错落有致。

庞大而轻灵，威严而活泼。

形容得恰如其分！蔚为壮观的麟德殿，是中国古代建筑的典范。

这么牛的宫殿，是用来做什么的？

很快你就知道啦。

华丽的麟德殿中，众人目不暇接，机器猫紧盯着墙上的绘画。

桀骜不驯的骑手，仪态万千的仕女……

华纳博士扑到一件瓷器面前，眼神里充满了狂喜。

那是因为我对艺术充满了热爱！

我梦寐以求的唐三彩！

叔叔，你的眼神好吓人！像要把瓷器吞下去！

那两位对艺术的热爱，好像比你还要深厚！

金子做的杯子！

金子做的盘子！

你们还能更没出息一点儿吗？

啊！

匠心独运啊——把绿色和白色相间的玉石雕刻成了玉白菜。

这叫俏色，就是利用玉料本身的天然颜色巧妙雕琢。

玉石价值连城，要是一刀雕错，岂不是损失惨重？

玉料雕琢时一刀下错，就覆水难收了。

快看！在巨大的诱惑面前，茜茜同学也抵挡不住啦！

真好看!

这手镯的品相堪称完美,可遇而不可求!

我不懂玉,却也看得出镯子晶莹温润。

这是用蓝田玉雕琢的,灵气十足。

蓝田玉?著名的和氏璧就是块蓝田玉!

为什么这只手镯是椭圆形？

对！皇家对蓝田玉很是钟爱，有很多帝王用它制作玉玺。

圆形的玉镯延续了几千年，而椭圆形的玉镯是杨贵妃的发明。

这是贵妃镯，不仅工艺更复杂，而且佩戴会显得手腕更纤细。

难怪叫贵妃镯啦！

椭圆形更接近手腕的形状，更容易佩戴。

麟德殿

大明宫地势高低起伏，麟德殿建在太液池边的高地上。三座巨大的宫殿依偎在一起，加上第二层的楼阁，构成了形制最复杂的一座宫殿。

在中国古代建筑史上，麟德殿的三重殿造型独一无二。这座最大的木结构单体建筑，代表着大唐建筑艺术的辉煌成就。它不仅气魄雄浑，宫殿的规模前所未有，而且风格设计更是空前绝后。

最古老的雕刻品种

　　玉雕是中国最古老的雕刻品种之一，开始于商周时期。不同历史时期的玉雕具有不同的特点，其中被誉为"国之瑰宝"的巨型玉雕"渎山大玉海"，是元代忽必烈犒赏三军时盛酒的器物，是中国现存最早的特大型玉雕。

　　而清代的"大禹治水"玉山子是我国古代玉雕之王，也是世界上最大的玉雕之一。

蓝田玉

蓝田玉雕源远流长，到了唐朝发展到顶峰，被列为皇家贡品。唐玄宗命人采蓝田玉为杨贵妃制作磬（一种打击乐器），而官员们必不可少的玉腰带也是用蓝田玉制作而成的。

玉雕主要包括相玉、划活儿、琢磨、碾磨四大工序。从一块璞玉到做成一件玉器，首先要进行相玉，判断玉石的颜色和形状，立意做什么题材的作品，再因材施艺。

非"刀子活儿"的雕刻

划活儿：把所构思的形象，在玉料上形象地划出来。这是玉雕工艺中最关键的一环，要最大限度地利用玉料，并利用好颜色，使其产生最佳效果。

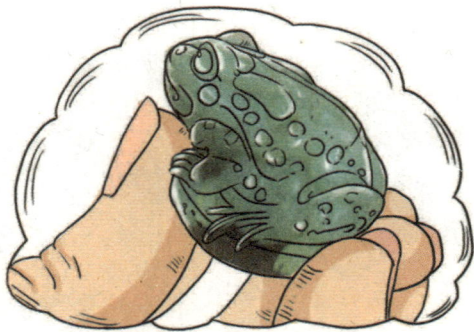

琢磨：玉石异常坚硬，必须用铁制圆盘——铊为工具，以水和金刚砂为介质，一点一滴琢磨而成，与其他雕刻的"刀子活儿"截然不同。

碾磨：用精细的牛皮蘸珍珠砂浆打磨，使玉件显露温润的光泽。

第四章

chapter 4

不空大师

扫码获取
- ✓ 角色头像
- ✓ 阅读延伸
- ✓ 趣味视频

在麟德殿外，一片波光粼粼的湖水映入众人的眼帘，湖中央是人工岛屿。

这应该就是太液池，大明宫里的人工湖。

那三座岛屿象征着东海上的三座仙山。

湖中间有三座岛屿，真像人间仙境。

你怎么突然变得知识渊博起来？

哼，我向来知识渊博！

你们确定这是给皇帝做饭的厨房，而不是珍奇动物展览馆？

想法很有创意……哇，一米多长的鲤鱼精也来了！

你们确定眼前这位是做饭的御厨，而不是武林高手？

御膳餐具有严格要求，必须古雅华贵。

看到那些盘子了吗？金盘、水晶盘……

个个价值连城！

还有玛瑙盘……

那应该是吊汤——很多御膳的菜品都需要吊汤。

好浓郁的香味！是从那口大锅里散发出来的！

吊汤已经炖了足足四十八个小时，大功告成。

太讲究了……比起御膳，我以前吃的食物只能算将就。

吊汤的过程极其复杂，而且要根据不同的菜式炖不同的时间。

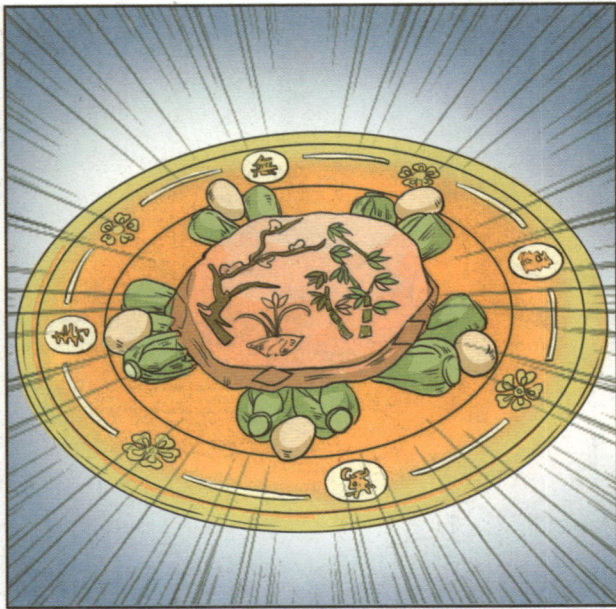

你们确定盘子里装的是做好的菜，而不是盆景？

这菜的造型也太精致了吧，哪舍得吃掉啊！

快跟上送菜的太监，我想看看皇帝长什么样子！

御膳十分讲究，图案和造型必须赏心悦目。

麟德殿里觥筹交错，轻歌曼舞，酒香四溢。

布卡，你现在知道麟德殿是做什么用的了吧？

原来是皇家举办宫廷宴会的地方！

这位贵宾到底是谁啊？

看他的穿着，应该是来自印度的大师不空。

不远万里来长安的大师不空？

这不重要，重要的是他辜负了这色香味俱全的美食！

我忍忍忍……

我不介意你们流口水，可我很介意口水滴到我的脚上！

我忍无可忍了！

"吃货"太可怕了！

宫廷御膳

宫廷御膳就是帝王所享用的饮食。虽然各个朝代的宫廷御膳风味特点不尽相同，但历代帝王凭借至高无上的权力，聚敛各地名厨和土特产，广泛博取天下万物中的稀世珍品，使得宫廷御膳代表了当朝烹饪技艺的最高水平，其烹调的精细和用料的昂贵是民间菜肴无法相提并论的。

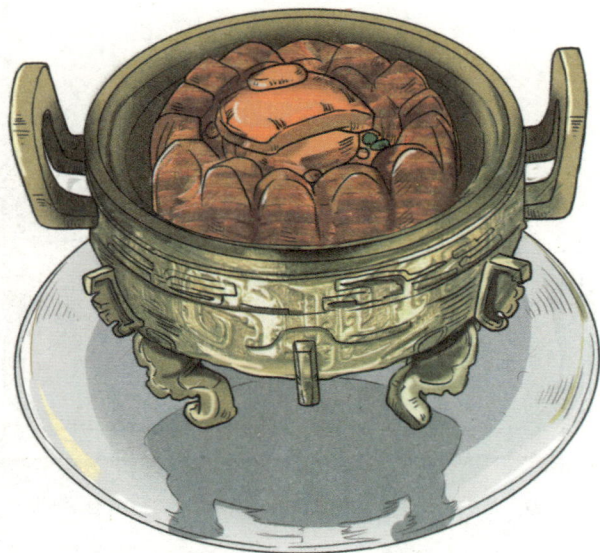

四大工艺

　　御膳的造型手段主要采用"围、配、镶、酿"的工艺。围就是以素围荤，以小围大；配是将两种造型不同的原料搭配在一起，并赋予特定寓意；镶是在一种原料中点缀另一种经过加工的原料，使食物造型更形象；酿是指将经过精加工的材料填抹在另一种材料内，使其外形更饱满，味道更鲜美。

　　四种手法常互相搭配，如围中有配，配中有镶。

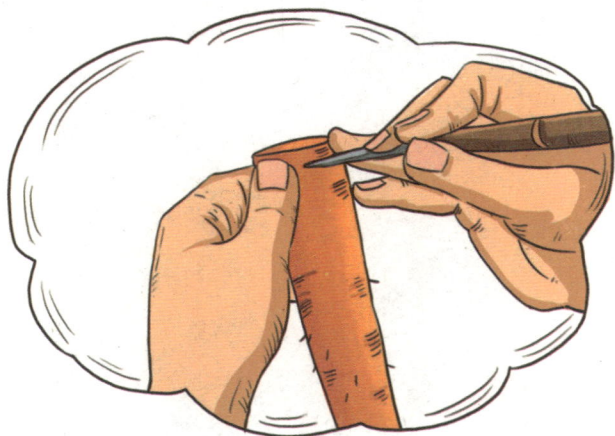

皇家风范

　　御膳的特点可以用"稀贵、奇珍、古雅、怪异"8个字概括，在色、质、味、形、器上都特别考究，处处显示出皇家的雍容华贵。它选料严格，馔品新奇，不仅要罗尽天下美味，而且还要创制许多名菜，如御膳赛熊掌、御府砂锅猪尾等菜。

大唐御膳

唐代御膳场面规模大，馔品种类多，讲究看席——由70个面制食品组成的舞乐场面，乐工歌伎的造型甚为逼真。

主食代表作有"百花糕""清风饭""王母饭"等。

第五章

chapter 5

舞马衔杯

扫码获取

☑ 角色头像
☑ 阅读延伸
☑ 趣味视频

瑞瑞等人正忘我地大喊大叫时。侍卫们一拥而上，将他们五花大绑，扔在大殿中央。

唐玄宗

那个长得有些像胡人的家伙衣服鼓鼓囊囊的。

个个奇装异服，不知道是何来历。

一定私藏了偷来的珍宝，看来绝非善类！

大胆刁民，竟然敢私闯皇宫！

鼓鼓囊囊的是肉！
我自己的！

机器猫，唐朝都有什么残酷的刑罚？

想到很快就要猫头落地，我的词库一片空白。

我只不过是想蹭口吃的……

民间盛赞陛下爱才如命，看来只是谣传。

且慢！

布卡，你从今天开始就是我的超级偶像！

那我就给你个机会，一炷香的时间写出一句好诗来。

早知道好诗可以救命，我就不在语文课上开小差了！

大江东去，浪淘尽，千古风流人物……

我来……

赴宴的大臣中，一位风姿俊朗的男子霍然起身，兴奋地拍起手来。

如此气势磅礴的诗词，竟然出自一位女童？！李白佩服！

诗仙？！

神童啊！你们几个跟朕一起看骏马表演吧。

在殿外开阔的空地上，头顶华丽翎羽的骏马们伴随着音乐优雅起舞，身上的马鞍金光闪闪。

会跳舞的马？

它们的动作好整齐……原来马也精通音律！

这首音乐真好听。

太不可思议了，它竟然能领悟骑手的手势和语言。

想不到马这么通人性！

这是唐代乐曲《倾杯乐》。

这些马是怎么训练出来的？

我们西方的驯马师一般都用暴力让马屈服。

但效果不敢恭维。

身姿矫健的驯马师用马鞭在骏马的屁股上轻轻抽了两下。

下手这么轻，那些马能领会主人的意思吗？

我们的关中传统驯马技艺，注重用巧劲儿。

那些马凌空而起！

神马!博士，我们偷……要一匹吧！

皇宫里的马竟然会敬酒?!

重重有赏！

这就是鼎鼎大名的"舞马衔杯"。

舞马衔杯

　　"舞马衔杯"是著名的宫廷马术技艺。《明皇杂录》中记载，大明宫中养了几百匹舞马，每逢唐玄宗生日时，会在盛大的寿宴上起舞助兴。杜甫等人用诗句记录下这壮观的一幕。

　　1970年在西安市出土了一件唐代文物——舞马衔杯纹银壶，图案上的骏马昂首奋蹄，颈系飘带，正在衔杯起舞，栩栩如生地再现了当时皇家神乎其神的驯马绝技。

马术

在古代，马与人们的生活息息相关，马对战争的影响更是举足轻重。骑兵强，国家的战斗力就强，所以马术与"礼、乐、射、书、数"并称"六艺"。

在盛唐时，马不仅用于军事，还成为民间常见的代步工具，女子也盛行骑马，上至皇家妃嫔、公主，下至普通百姓家的女子，都擅长骑马。马术也空前辉煌，成为皇家宴乐的一部分，出现了"舞马衔杯"等精湛的技艺。

关中传统驯马技艺

关中传统驯马技艺蕴藏着丰富的专业知识，体现了特有的东方式智慧。

驯马讲究人与马的默契配合，达到"人马一体，完美结合"的境界，注重和马的沟通与交流，巧妙地采用引导式训练，而不是粗暴地征服，从而减轻训练过程中马的痛苦。

驯马

驯马一般分为几个环节：

相马：对马做出精确评价，判断它适合训练的方向。

人马亲和：给马喂食、洗澡等，与马建立良好的情感基础，等马能完全信任驯马师时再进行下一步。

生马训练：对从未进行过训练的马进行负重、稳定性练习。

熟马表演练习：对马匹进行表演训练，练熟一个动作一般需要一年左右，需要足够的耐心，还需要用巧劲儿。

第六章

Chapter 6

华清宫里的尚食汤

在鸟语花香的华清宫里，众人跟在唐玄宗和杨贵妃身后左顾右盼。

太喜欢了！百花盛开，泉水升腾，真像仙境！

茜茜、欧蕊，喜欢这里吗？

仙鹤和黄莺清脆的鸣叫声，像一首动人的乐曲。

这浓郁的花香，估计十几千米外都能闻到！

这么多珍禽异兽！大部分我从来没见过！

华清宫这座皇家园林，每一处都匠心独运。

水面上架起的彩色桥好浪漫！

这些建筑雕梁画栋，环绕着碧波荡漾的九龙湖。

巍峨壮观的宫殿环水而立，错落有致。

环湖排列的建筑间点缀着石牛、石象，相映成趣。

这华清宫依山傍水，巧用地形特点布设各种楼阁亭榭。

把皇家园林建在这里，位置得天独厚！

听过杜牧的诗句"长安回望绣成堆，山顶千门次第开"吗？

难道它就是形容华清宫的？

这座皇家园林的气魄，用这两句来形容一点儿也不为过！

从周幽王开始就在这里修建骊宫，然后是秦始皇、汉武帝……

汉武帝

秦始皇

怎么这么多皇帝都对华清宫情有独钟？

温泉是最主要的原因。

这里的温泉有什么特别的？

受这么多皇帝青睐？

华清宫的泉水来自地下的常温层，水温不受季节影响。

随外界温度而变

常温层

温度不再变化

1500米

泉水中含有多种矿物质，对很多疾病有明显的疗效。

看到前面的宫殿了吗？那是我在华清宫里的寝宫。

飞霜殿？

冬季飞雪的时候，整座华清宫都银装素裹，雪一靠近这里就化为白霜。

那是九曲回廊。

顾叔叔，像龙船漂浮在水面上的是什么？

我们得加快脚步了，这里这么大，落单会迷路的！

看花台？

站在这看花台上，可以尽情观赏名花。

而墙内是怒放的芙蓉。

墙外的山谷里全是牡丹！

朕准你们几位在尚食汤里沐浴，神童和欧蕊跟着贵妃。

你让我们在汤里洗澡？不要！

汤

这可是大臣们专用的浴池，你竟然不满意？！

古代人称热水为"汤"。

热水＝汤

你不早说！

华清宫

　　华清宫位于西安市骊山北麓。骊山是秦岭的支脉，因其形状像奔驰的青色骏马而得名。（古人称青色的马为"骊"）

　　华清宫作为古代帝王的离宫已有三千多年的历史。早在周朝，周幽王就在这里修建了"骊宫"，秦朝时，秦始皇以石头筑池。汉朝时，汉武帝进行扩建。唐朝时，唐太宗营建宫殿楼阁，后来唐玄宗大肆扩建，并取"华清驻老"的诗意，定名为"华清宫"。

东方神泉

　　华清宫的宫殿位于温泉之上，所以又名华清池。华清池在中国已知的2700多处的温泉中独具特色。

　　华清池水温常年保持43℃，水质纯净，细腻柔滑，水中十几种矿物质，对风湿、关节炎等疾病均有明显的疗效，被誉为"天下第一御泉"。它与古罗马卡瑞卡拉浴场和英国的巴思温泉齐名，被称为"东方神泉"。

皇家园林

皇家园林又称"苑""囿""御苑",是中国园林的四种基本类型(自然园林、寺庙园林、皇家园林、私家园林)之一。

皇家园林是皇家生活环境的重要组成部分,大多建在郊外风景优美、环境幽静的地方,一般与行宫或离宫相结合,分别被称为行宫御苑、离宫御苑。行宫御苑供皇帝偶尔游憩,离宫御苑则是皇帝长期居住并处理朝政的地方。

建筑与自然和谐统一

皇家园林华丽精致，注重建筑美与自然美的统一，山水构架巧妙，建筑结构精美，珍奇动植物繁多，帝王至上、皇权至尊的文化无处不在，充分体现着皇家气派。

华清宫以温泉为中心，殿宇林立，巍峨壮观。荔枝园、芙蓉园等分布其间，把整座园林装扮得格外妖娆。而唐玄宗和杨贵妃在此演绎的爱情故事，给这座古老的皇家园林增添了传奇色彩。

惊天动地的秦腔

华清宫梨园

这个梨园像我们欧洲的艺术学院。

大唐的宫廷乐队规模可真够壮观的。

众多宫廷乐手，个个身怀绝技。

杰出的诗人、歌手、乐师联袂出演。

唐玄宗时期是中国历史上著名的开元盛世。

朕最喜欢的，莫过于琵琶和羯鼓。

当然！为了练习羯鼓，朕打断的鼓槌已经装满好几个柜子了。

陛下，您会演奏这两种乐器？

参见陛下！

这位是谁啊？

他是李龟年，大唐著名的音乐家。

皇帝对李龟年好热情。

皇帝不仅是他的帝王，更是他的知音。

李龟年不仅善歌，善奏羯鼓，而且精通作曲。

微臣新得了一首曲子，期待能让陛下耳目一新。

李爱卿，最近有没有什么新作啊？

立即演奏给朕听。

歌声嘹亮

这是什么曲子？吼得那叫一个惊天动地！

太有号召力了！

大唐鼎盛时期创作的歌曲，果然气势不凡！

气势雄浑，惊天动地！

太好听了！

爱卿果然才华盖世！这件御袍赐给你了！

这是什么曲子？如此高亢激越！

《渭川曲》。

这首曲子经你用秦腔的形式一唱，竟然令朕耳目一新。

是的。秦腔后来受到宋词的影响，日臻完美。

秦腔？难道这就是中国西北现存最古老的剧种——秦腔？

秦腔

　　秦腔是我国现存最古老的剧种，其唱腔、脸谱、角色等自成体系，所保留的剧目达700多个，为各剧种之首。

　　秦腔唱腔高亢激昂，"大锣大鼓""声震林木"，而且要求用真嗓音演唱，所以独具一格。因其以枣木梆子为击节乐器，所以又叫"梆子腔"，俗称"桄桄子"。

百戏之祖

　　秦腔分为东西两路，西路流入川地称为梆子，东路在山西发展为晋剧，在河南发展为豫剧，而京剧的主要曲目也受其影响，所以秦腔是京剧、豫剧、晋剧、梆子等剧种的鼻祖。

　　秦腔唱腔包括"板式"和"彩腔"两部分，每部分均有苦音和欢音之分。苦音最能代表秦腔特色，深沉哀婉，表现悲哀的感情；欢音明快有力，表达喜悦、爽朗之情。

秦腔脸谱

秦腔角色可分为老旦、正旦、小旦、花旦、武旦、丑角等十几种，表演时强调真情实感，演员的喜、笑、怒、骂表达强烈，生活气息浓郁。

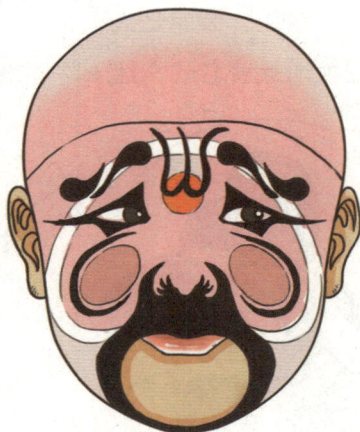

秦腔脸谱色彩夸张，充分体现人物特征，比如红色代表忠良、黑色代表刚直不阿、粉色代表奸佞等。

秦腔的鼎盛时期出现在清乾隆年间，魏长生携秦腔入京，风靡京城。

大唐梨园

　　唐玄宗精通音律，杨贵妃弹唱娴熟，他们一起创作了许多流传千古的名作，其中最有名的是《霓裳羽衣舞》。唐玄宗还在华清宫里开创了中国历史上第一所皇家音乐艺术学校——梨园。梨园是大唐音乐、舞蹈的中心，汇聚了诸多音乐名师和舞蹈家，包括大唐最著名的宫廷乐师李龟年。

所向披靡的陌刀

一群侍卫突然出现，怒气冲冲地向众人围拢过来。

来者不善……皇帝怎么突然翻脸了？

今天是愚人节吗？

是不是皇帝反悔了，心疼被你吃掉的三大碗驼蹄羹？

就是那个胖老头儿偷走了贵妃的手镯！

霍曼？！

哇哇哇！

霍曼这个浑蛋！竟然敢陷害我们！

不经历磨难，永远不知道有些人最擅长落井下石！

他们快追上我们了，怎么办？

早知道这样，我就天天锻炼肌肉，防止挨揍了！

跟我来！

你打算用这些兵器干掉我们？

这是宫廷制作冷兵器的地方，你们藏在这里很安全。

拿下头盔！

你为什么要救我们？

那个霍曼眼神飘忽，所以我相信你们是清白的。

没错！

官造的冷兵器这么精致好看!

不只是好看，它们工艺精良，无坚不摧!

这是什么？像弓箭但尺寸却大很多。

这是弩，由弓发展而成的，但相对弓而言，射程更远，准确性更高。

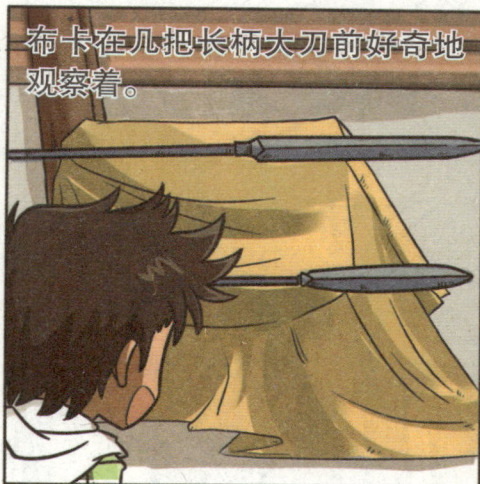

布卡在几把长柄大刀前好奇地观察着。

那是陌刀，砍杀敌方骑兵时所向披靡。

叔叔，你是想给自己壮胆吧？

陌刀是大唐最厉害的冷兵器。

把这么锋利的武器举在身前，不斗志昂扬才怪！

不但可以鼓舞我方士气，而且可以有效威慑敌人！

想象一下：战场上无数士兵举着明晃晃的陌刀，向敌方进攻……

一阵叮叮当当的响声传来，众人循声看去。

那边的工匠为什么把泥土覆盖在刀上？

做工精良的冷兵器，必须经过反复折叠锻打才能制成。

这是宫廷制作冷兵器的一种秘方——覆土烧刃。

把经过调配的特殊泥土，覆盖在刀身上局部淬火。

这样的工艺可以让刀刃锋利，刀身却很有韧性。

就是将刀剑加热至特定温度后，放入水中冷却。

裸露的部分会迅速冷却，而覆盖泥土的部分温度变化不大。

这冷兵器制作算不算活化石？

你们怎么不制作暗器？

活化石？好像在大慈恩寺的一部经文里看过。

武侠小说里的暗器可厉害啦，可以随时偷袭！

在千军万马厮杀的战场上，暗器很难发挥作用。

冷兵器

　　冷兵器指不利用火药、炸药等，在战斗中直接杀伤敌人，保护自己的武器装备。冷兵器从单一到多样的发展过程，主要经历了石器时代、青铜时代和铁器时代三个阶段。

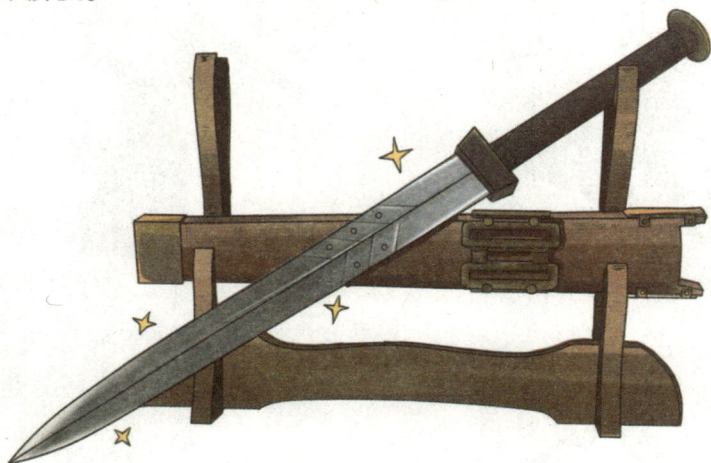

　　中国古代有"十八般武艺"之说，其实是指绝大部分冷兵器：弓、弩、枪、棍、刀、剑、矛、盾、斧、钺、戟、殳、鞭、锏、锤、叉、耙、戈。

冷兵器制作

为朝廷军队所配备的官造兵器锻造精良，装饰美观，通常会出现镂空铸造、錾刻等工艺，制作流程如下：

1.铁矿石高温提炼生铁。

2.反复锻打，除去渣滓。

3.根据锻打好的钢坯碳含量区分刀刃和刀背等。

4.锻打刀型，并进行包钢或夹钢。其中折叠钢是锻打的一种传统手法，打打烧烧上百次甚至上千次。

5.淬火。

6.研磨。

7.装配。

克制骑兵的最佳冷兵器

汉代已经出现折叠锻打和局部淬火技术，唐代冷兵器制作继承了前朝各代的优良传统，又加上覆土烧刃等技术，使兵器不仅外观上有很大改进，而且兵器质地外硬内软，拥有极强的韧性。弩和陌刀是唐代军队克制骑兵最厉害的两大冷兵器。

弩是一种致命的武器，士兵不需要太多训练就可以操作，且命中率极高。陌刀是唐代的一种长柄大刀，可以刺穿盔甲。

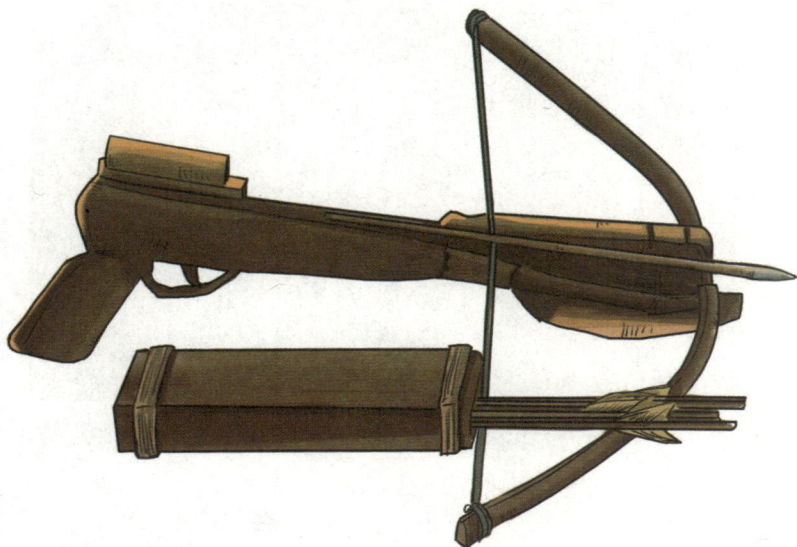

覆土烧刃

以调配的特制泥土，覆盖刀身不同位置，然后将刀剑加热至特定温度。当红热的刀身进入水中冷却时，刀身裸露的部分迅速降温，而被泥土覆盖的部位温度变化不会非常明显。

此法可以精确控制刀剑不同部位的冷却速度，冷却速度越快，硬度越大，韧度越低。

覆土烧刃完全根据刀匠的经验来操作，经验不足者会导致刀身出现裂缝、扭曲甚至断裂。

第九章

雁塔题名

扫码获取

☑ 角色头像
☑ 阅读延伸
☑ 趣味视频

繁华的长安城里，欧蕊几个行色匆匆。

这里到处都是珠宝首饰行，胭脂花粉铺！

还有骡马行，坟典书……

是坟典书肆，就是卖书的地方。

竟然有很多来自西方的货品！

唐代的丝绸之路盛况空前，东方的丝绸和茶叶可以抵达罗马。

而西方的金银和珠宝，源源不断地运往长安。

人山人海！

哇，怎么这么多人？

难道游览寺庙是长安人的生活时尚？

一路上我们看到不少寺庙，看来唐代的佛教很昌盛。

那不是不空法师吗？

原来他在举行法会，难怪整座寺院被围得水泄不通。

那边有座塔，我们进去躲到天黑再出来。

这座塔造型简洁却又气势雄伟。

佛教建筑中不可多得的杰作!

这座塔这么高，塔顶一定可以观赏到整个长安的美景!

远在天边，近在眼前!

长安供奉玄奘从印度带回的梵文经典、佛像和舍利子的塔在哪里?

唐将领提到的经文会不会就在这里?

我们找找看！咦，机器猫呢？

石碑上的书法太美了！我想存入数据库！

你们要是喜欢可以拓片。

就是用纸墨在碑石上拓印，得到的文图和原碑石上的完全一样。

这里篆、隶、楷、行、草各种字体应有尽有，我已经眼花缭乱了。

碑林……历代书法荟萃的地方？

却怪乌飞平地

智

在石头上不仅可以留下珍贵的书法，还可以作画。

它们刻的是唐太宗作战时所骑战马的雄姿。

西安碑林博物馆珍藏着著名的石刻《昭陵六骏》。

我搜到了……这些战马的造型好别致！

石刻竟然如此精美！

线条流畅，刀工精细！

他在乱写乱画哎!

难道也是在刻到此一游?素质真差!

别乱说话!他是要在塔壁上题名好不好?

唐代的状元们金榜题名后,可以登临大雁塔题名。

看到他在石壁上书写好的墨迹了吗?下一步就是镌刻。

原来碑刻是这么来的。

在碑刻前要反复揣摩原作，充分领会书法的风格和特点。

他为什么动手前端详了半天？

来不及了……追兵到了！

我们分头行动，搜索一下唐将领提到的经文！

大慈恩寺

　　大慈恩寺是唐长安城内最宏伟壮丽的皇家寺院，迄今已有1360余年。佛寺有房舍1897间，藏经众多，浮雕壁画让人叹为观止。中轴线上依次分布着大雄宝殿、大雁塔、玄奘三藏院。

　　玄奘曾在大慈恩寺主持寺务，并亲自督造寺内的大雁塔。

　　大雁塔是现存最早、规模最大的唐代楼阁式砖塔，最初五层，后至九层，最后固定为七层，高64.517米，是古都西安的象征。

碑刻、碑林

　　碑刻是刻在石碑上的文字或图画，是古代记事、铭记等的物凭，碑石丛立构成了碑林。碑林的历史，可以追溯到唐朝皇家在最高学府国子监内立的《石台孝经》《开成石经》。

　　西安碑林博物馆始建于北宋，是收藏古代碑石时间最早、数量最多的艺术宝库，除了《石台孝经》，还有颜真卿、欧阳询的亲笔石刻，王羲之、苏轼等众多大家的墨宝。

金石味道

碑林上的书法有浓郁的金石味道，非毛笔书写所能比拟。

碑刻的主要工艺流程为：

1.找适合的石头打磨平整，雕出需要的花纹。

2.书丹上石，用毛笔蘸取朱砂直接书写在碑版上。

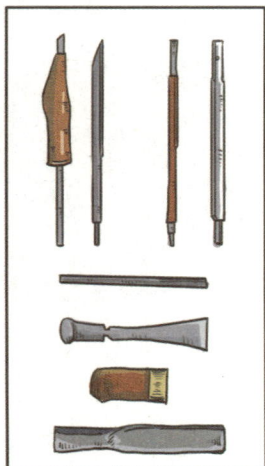

3.反复揣摩原作，领会风格和运笔的法度，恰当地运用刀法技巧镌刻。

石刻的工具多种多样：凿子、小攒子、牙锤、四棱锤、点锤、刷子等。

昭陵六骏

唐太宗李世民的陵墓昭陵祭坛上，有六块青石浮雕骏马石刻，每块石刻宽2米，高1.7米，造型优美，雕工精细，分别展现了唐太宗在重大战役中所乘战马的英姿，是不可多得的古代石刻珍品。

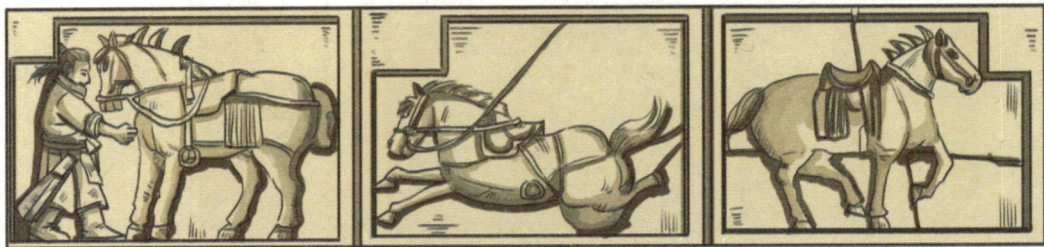

六骏中的"飒露紫"和"拳毛䯄"惨遭文物大盗毒手，被打碎装箱盗运到海外。其余四块也被打碎，幸亏被截获，现陈列在西安碑林博物馆。

第十章
chapter 10
兵马俑的秘密

扫码获取

☑ 角色头像
☑ 阅读延伸
☑ 趣味视频

被士兵追赶的布卡一行人仓皇逃窜，跑出去很远才筋疲力尽地停下。

我……救命！

我们好像到骊山了。

我的小心脏都快被跑出来了！

回头望~

快抓住我！哎呀……

哇哇哇！

这里好像是座陵墓……

更像一座宝库！有铜车马、兵器和无数的金银珠宝！

这是谁的陵墓？居然用价值连城的宝物陪葬。

依骊山而建……如果我没猜错的话，这里就是秦陵。

千古一帝秦始皇？！

太酷了！地宫大冒险！

前面有烛光！地宫里有人！

别怕，那是长明灯。

你们快看天花板，有太阳、月亮和星辰！

世界上真有长明灯啊？我还以为那只是传说。

快看地上！有山川河流！

快离开这里！那些河湖是用水银做的，有剧毒！

大家跟紧我，千万别乱动，这地宫里机关重重！

场面宏大！

这些兵马俑比我还高！

你们感受到雄兵百万的气势了吗？

原来兵马俑是彩色的……为什么我的资料库里的图片是泥土色？

个个威武雄壮，身披盔甲。

兵马俑刚出土时都是彩色的。

据说连袜子都色彩纷呈……可惜与空气接触后就被氧化掉了。

好可惜!

这陶马跟真马一模一样,仿佛下一秒就要腾空而起。

它们看起来随时准备上马冲杀。

太栩栩如生了,我似乎感受到了它们轻微的呼吸声。

这么多兵马俑,竟然没有一张相同的脸!

那个俑在跪着瞄准，准备射箭。

那是跪射俑，是秦俑中唯一可以看到鞋底的。

他的鞋底上刻着精致的花纹呢。

还有密密麻麻的针脚！

工匠们太精益求精了！

这里怎么有个突起？

别动！

哇哇哇！

快跟我来！

115

挖井的意外收获

不看秦俑坑，不算真正到过中国。举世无双的秦始皇陵，是世界上最大的地下军事博物馆。

1974年3月11日，陕西临潼县一位农民在挖井时发现了许多陶俑残片，在地下沉睡已久的秦陵得见天日，被誉为"世界第八大奇迹"。

秦始皇一统天下，修筑长城，统一了文字、货币和度量衡，被称为"千古一帝"。

39年修一陵

古代帝王的陵墓要么靠山面河，要么面对辽阔的平原，有的甚至建在山巅上，以体现其崇高地位。秦始皇从13岁即位时就开始修建自己的陵园，后由丞相李斯主持规划和设计，修筑时间长达39年之久。

兵马俑只是秦陵的一小部分，考古工作者接连有新发现：百余座马厩陪葬坑，31座珍禽异兽陪葬坑，10乘大型彩绘铜车马，铠甲坑……

兵马俑制作技艺

2000多年前的秦代，制陶工艺已经有相当高的水准。

兵马俑的头、手、躯干分别制作完成后，再黏结完整。

俑头：分前后两片制成，黏结后雕饰五官、胡须等。

双腿：制作脚踏板塑双脚，在脚上接塑双腿。

躯干：用泥塑成粗坯，再雕刻铠甲、腰带。

陶俑烧制火候是关键，温度低表面无光，温度高容易变形，950~1050摄氏度才能烧出颜色纯、体态正的陶俑。

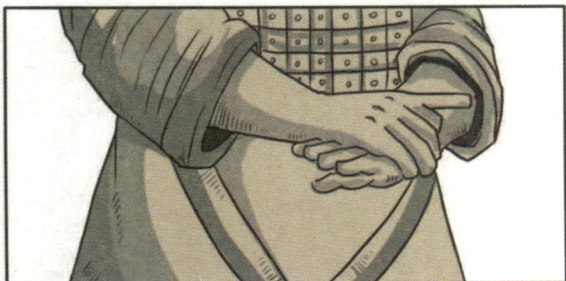

看漫画
领专属角色头像

微信扫码

跟着书本去旅行
在阅读中了解华夏文明

01

角色头像
把你喜欢的
角色头像带回家

02

阅读延伸
了解更多
有趣的知识

03

趣味视频
从趣味动画中
漫游中国

还有【阅读打卡】等你体验